◀ **Niveau**

Claire **Miquel**

Communication Progressive du Français

2ᵉ ÉDITION

avec 320 exercices

Corrigés

CLE
INTERNATIONAL
www.cle-inter.com

Mise en page : Arts Graphiques Drouais (28100 Dreux)
© CLE International/SEJER – Paris 2013
ISBN : 978-209-038133-7

Sommaire

I FAIRE LES COURSES

1. Demander des articles 5
2. Parler des quantités 6
3. Demander le prix 6
4. Passer une commande 7
5. Faire une réservation 8
6. Faire des achats 9
7. Hésiter 10

II RENSEIGNER, SE RENSEIGNER

8. Prendre rendez-vous 11
9. Demander des renseignements 13
10. Exprimer une obligation 14
11. Autoriser et interdire 15
12. Vérifier 15
13. Protester 16
14. Exprimer des intentions, des projets 17

III PARLER DES LIEUX ET DES OBJETS

15. Localiser 18
16. S'informer par téléphone 19
17. Comparer 20
18. Caractériser 20
19. Exprimer une condition 21
20. Parler d'un besoin 21

IV PARLER AUX AUTRES

21 Saluer et présenter 22
22 Excuser et s'excuser 22
23 Téléphoner 22
24 Donner des instructions 23
25 Nier 24
26 Inviter, accepter, refuser 25
27 Demander à quelqu'un de faire quelque chose 26
28 Proposer 26

V PARLER DE SOI

29 Parler de sa santé 27
30 Parler de ses goûts 28
31 Parler de son curriculum vitae 28
32 Demander et donner son opinion 29
33 Exprimer la surprise 29

VI PARLER DES AUTRES

34 Exprimer la certitude ou l'incertitude 30
35 Décrire 31
36 Faire des compliments 31
37 Féliciter 32
38 Consoler et encourager 32
39 Critiquer 33
40 Exprimer l'admiration 33

Activités communicatives 34
Exercices oraux 36

CORRIGÉS

Unité 1 — Demander des articles

Exercices p. 9

1. 1. F – 2. V – 3. F – 4. F

2. 1. une – 2. une – 3. des – 4. un – 5. une – 6. des – 7. une – 8. un – 9. un – 10. des

3. 1. aux – 2. au – 3. à la – 4. à la – 5. au – 6. à la

4. un croissant, des bonbons, une baguette, un chausson aux pommes, une tarte aux poires, une brioche, un éclair au chocolat, un pain au chocolat

5. 1. Bonjour, je voudrais deux croissants, s'il vous plaît. – 2. Je vais prendre aussi une petite tarte, mais je ne sais pas à quoi/à quel fruit... – 3. Alors, je vais prendre deux petites tartes au citron, s'il vous plaît.

6. *Exemple de dialogue.*
Vous : Bonjour, madame, une baguette, s'il vous plaît.
La boulangère : Oui, monsieur/madame, et avec ceci ?
Vous : Je vais prendre aussi deux pains au chocolat et un croissant.
La boulangère : Voilà, monsieur/madame.

Exercices p. 11

1. 1. F – 2. V – 3. F – 4. F

2. 1. Avez-vous l'adresse du restaurant ? / Est-ce que vous avez... ? / Vous avez... ? – 2. Travaillez-vous à la Poste ? / Est-ce que vous travaillez... ? / Vous travaillez... ? – 3. Voulez-vous envoyer ce paquet en prioritaire ? / Est-ce que vous voulez envoyer ce paquet... ? / Vous voulez envoyer ce paquet... ? – 4. Recevez-vous souvent des lettres ? / Est-ce que vous recevez... ? / Vous recevez... ? – 5. Connaissez-vous le code postal de... ? / Est-ce que vous connaissez... ? / Vous connaissez... ?

3. 1. tarif – 2. colis – 3. envoyer – 4. douane – 5. postal

4. 1. Je voudrais / Donnez-moi un carnet, s'il vous plaît. – 2. Je voudrais deux timbres pour le Sénégal, s'il vous plaît. – 3. Je voudrais envoyer ce paquet en Allemagne, s'il vous plaît.

5. 1. voudrais – 2. tarif, prioritaire

Unité 2 — Parler des quantités

Exercices p. 13

1 1. F – 2. F – 3. V – 4. V

2 1. d' – 2. de – 3. d' – 4. d' – 5. d' – 6. de

3 1. des – 2. une – 3. un – 4. un – 5. un – 6. des – 7. un – 8. une – 9. un – 10. des
a. 1, 4, 6, 8 – b. 2, 3, 5, 7, 9, 10

4 Je voudrais deux poivrons verts/rouges et six pommes, s'il vous plaît. – Je vais prendre aussi un kilo de cerises et une livre de haricots verts. – Donnez-moi aussi une douzaine de tomates.

5 1. c – 2. b – 3. a – 4. d

Exercices p. 15

1 1. V – 2. V – 3. F

2 1. du – 2. de – 3. d' – 4. de l' – 5. de – 6. de la – 7. des – 8. d' – 9. des – 10. de

3 1. un paquet de spaghetti – 2. un poulet – 3. un pot de yaourt – 4. un pot de confiture – 5. six œufs – 6. une bouteille d'huile

4 1. désirez – 2. voudrais – 4. donnez-moi – 5. sera

5 Je voudrais un morceau de roquefort, s'il vous plaît. – 2. Donnez-moi une livre de beurre. – 3. Il me faut du vinaigre. – 4. Je vais prendre de la farine, un kilo de farine.

6 Il me faut de la salade verte, des tomates, des champignons, du basilic, de l'huile d'olive, du sel, du poivre et du vinaigre.

Unité 3 — Demander le prix

Exercices p. 17

1 1. F – 2. F – 3. V – 4. V

2 1. mettre – 2. prendre – 3. renseigner – 4. voir – 5. dire

3 1. lettres – 2. crayon – 3. gomme – 4. mine – 5. dossier

4 1. c – 2. b – 3. b – 4. a – 5. b – 6. c

5 *Exemples.*
1. Ce porte-mine est à combien ? – 2. Vous pouvez me dire le prix de ce stylo à plume ? – 3. Ces crayons de couleur font combien ? – 4. Ces chemises sont à combien ? – 5. Quel est le prix de ce papier à lettres ?

6   *Exemple de dialogue*
La vendeuse : Bonjour, madame/monsieur, je peux vous renseigner ?
Vous : Oui, je voudrais un joli bouquet de fleurs.
La vendeuse : Vous voulez mettre combien ?
Vous : Peut-être 30 euros…
La vendeuse : Regardez, ce bouquet de roses est magnifique.
Vous : Il fait combien ?
La vendeuse : Il est à 34 euros. Sinon, vous avez aussi cette plante verte. Elle est très jolie. Elle fait 32 euros.
Vous : Bon, je vais prendre le bouquet de roses.
La vendeuse : C'est pour offrir ?
Vous : Oui, s'il vous plaît.

Unité 4   Passer une commande

Exercices p. 19

1   **1.** F – **2.** F – **3.** V

2   **1.** C'est pour combien de personnes ? – **2.** C'est pour quand ? – **3.** C'est pour quel jour ? – **4.** C'est pour qui ? – **5.** C'est pour quoi faire ? – **6.** C'est pour combien de temps ?

3   **1.** b, d, e, h – **2.** a, f – **3.** c, g

4   **1.** commander – **2.** pour combien de personnes ? – **4.** pour quel jour / pour quand ? – **6.** C'est à quel nom ?

5   *Exemple de dialogue.*
Vous : Bonjour, monsieur, je voudrais commander un gâteau d'anniversaire, s'il vous plaît.
Le pâtissier : Oui, monsieur/madame, c'est pour combien de personnes ?
Vous : Pour 6 personnes.
Le pâtissier : Pour quel jour ?
Vous : Pour dimanche matin.
Le pâtissier : C'est à quel nom ?
Vous : Au nom de…

Exercices p. 21

1   **1.** F – **2.** V – **3.** V – **4.** F

2   **1.** avez – **2.** prenons – **3.** vais – **4.** prenez – **5.** avons – **6.** allez

3   **1.** demi – **2.** crudités – **3.** un menu – **4.** plat – **5.** point

4   **a.** 1, 3, 4, 6, – **b.** 2, 5, 7, 8

5   **a.** 3 – **b.** 5 – **c.** 4 – **d.** 8 – **e.** 1 – **f.** 7 – **g.** 6 – **h.** 2

Unité 5   Faire une réservation

Exercices p. 23

1   **1.** F – **2.** V – **3.** V – **4.** V

2   **1.** grand – **2.** jolie – **3.** séparés – **4.** bons – **5.** belle – **6.** nouvelles

3   **1.** simple – **2.** étoiles – **3.** complet – **4.** séparés – **5.** double

4   **1.** chambre, nuits – **2.** chambre, double – **3.** double – **4.** chambre – **5.** petit-déjeuner

5   **1.** *Exemple de dialogue.*
Vous : Bonjour, je voudrais réserver une chambre pour deux personnes, s'il vous plaît, avec salle de bains et W.-C.
L'hôtelier : Pour combien de nuits ?
Vous : Pour trois nuits, du 12 au 15.
L'hôtelier : J'ai une chambre avec un grand lit, salle de bains et W.-C. à 65 €, et j'ai une autre chambre avec deux petits lits, salle de bains et W.-C. à 60 €.
Vous : Le petit-déjeuner est compris ?
L'hôtelier : Oui, il est inclus dans le prix des deux chambres.
Vous : Très bien, je prends la chambre à… €.
L'hôtelier : Vous pouvez m'envoyer un fax de confirmation, s'il vous plaît ?

2. *Exemple de dialogue.*
Vous : Bonjour, est-ce que vous avez deux chambres libres pour une personne, avec salle de bains et W.-C., pour deux nuits, du 29 au 31, s'il vous plaît ?
L'hôtelier : Oui, j'ai deux chambres identiques, à 51 € la nuit.
Vous : Le petit-déjeuner est compris ?
L'hôtelier : Non, le petit-déjeuner est à 6 € par personne.
Vous : D'accord, je réserve les deux chambres. Vous voulez une confirmation par écrit ?
L'hôtelier : Oui, un e-mail (= *un courriel*) ou un fax, s'il vous plaît.

Exercices p. 25

1   **1.** F – **2.** F – **3.** V

2   **1.** quel – **2.** quels – **3.** quelle – **4.** quel – **5.** quelles – **6.** quelle – **7.** quel – **8.** quel – **9.** quels – **10.** quelle

3 1. réduction – 2. départ – 3. l'arrivée – 4. composter – 5. quai – 6. seconde, première – 7. réduction

4 1. *Exemple de dialogue.*
Vous : Bonjour, il me faudrait deux allers-retours Lyon-Dijon, s'il vous plaît.
L'employé : Oui, madame/monsieur. Avec un départ quel jour et à quelle heure ?
Vous : Un départ le..., vers 7 heures, et un retour le... vers 21 heures.
L'employé : D'accord. Alors, vous avez un train qui part à 7 h 13, et qui arrive à 9 h 02.
Vous : Très bien.
L'employé : Pour le retour, il y a un train à 20 h 48 et un autre à 21 h 50.
Vous : Je préfère le train de 20 h 48.
L'employé : Première ou seconde ?
Vous : Seconde, s'il vous plaît.
L'employé : Vous avez une réduction ?
Vous : Oui, « étudiant ».

2. *Exemple de dialogue.*
Vous : Bonjour, monsieur, je voudrais un billet aller-retour Paris-Bruxelles, pour demain, s'il vous plaît. Je voudrais partir vers 6 heures.
L'employé : Alors, vous avez un TGV à 6 h 25, avec une arrivée à Bruxelles à 7 h 50.
Vous : Bon, d'accord.
L'employé : Pour le retour, vous avez un TGV à 18 h 40, 19 h 10 et 19 h 40.
Vous : 19 h 10, c'est parfait.
L'employé : L'arrivée à Paris est à 20 h 35. Première ou seconde ?
Vous : Première, s'il vous plaît.
L'employé : Voilà, madame/monsieur. Vos billets sont échangeables et remboursables

Unité 6 — Faire des achats

Exercices p. 27

1 1. F – 2. V – 3. F – 4. V

2 1. trop de – 2. trop – 3. assez – 4. assez de – 5. trop

3 1. pantalon – 2. aller – 3. cabines – 4. faites – 5. manteau.

4 1. une chemise – 2. un costume – 3. une robe – 4. une veste – 5. un pull – 6. un manteau – 7. un ensemble – 8. une jupe

5 *Exemple de dialogue.*
Vous : Bonjour, madame, est-ce que je peux essayer ce pantalon ?
La vendeuse : Oui, bien sûr. Quelle taille faites-vous ?
Vous : Je fais du…
(Un peu plus tard)
La vendeuse : Alors, ça va ?
Vous : Non, c'est trop grand. Est-ce que vous avez la taille au-dessous ?
La vendeuse : Oui, bien sûr, je vous l'apporte. Alors, c'est mieux ?
Vous : Oui, je pense que ça va.

Exercices p. 29

1 1. V – 2. V – 3. F

2 1. dans – 2. sur – 3. dans – 4. sur – 5. dans – 6. dans – 7. dans – 8. sur – 9. sur – 10. dans

3 1. tennis/baskets/chaussures de sport – 2. sandales – 3. bottes – 4. talons – 5. mocassins – 6. paire

4 1. essayer, vitrine – 2. pointure – 3. fais – 4. modèle, modèle, style, essayer

5 *Exemple de dialogue.*
Vous : Est-ce que je peux essayer les chaussures noires, là ?
Le vendeur : Oui, bien sûr, madame/monsieur. Quelle pointure faites-vous ?
Vous : Je fais du…
Le vendeur : Voilà. Alors, ça va ?
Vous : Euh non, finalement, ça ne me plaît pas beaucoup.
Le vendeur : Vous voulez essayer un autre modèle ?
Vous : Non merci, je vais réfléchir.

Unité 7 — Hésiter

Exercices p. 31

1 1. V – 2. V – 3. F – 4. V – 5. V

2 1. sais – 2. crois – 3. veux – 4. savez, sais – 5. croyez – 6. crois – 7. veut – 8. sait

3 1. logiciel – 2. données/fichiers/dossiers/documents, clé – 3. sites – 4. documents – 5. clavier, touches

4 1. Je ne sais pas exactement, mais j'aurai probablement besoin d'Excel. – 2. Je crois que oui… – 3. Je n'en suis pas sûr(e). – 4. Je ne sais pas trop, peut-être dans un grand magasin. – 5. Probablement, oui.

5 *Exemple de dialogue.*
Vous : Bonjour, madame, je cherche un petit appareil photo, pas trop cher et facile à utiliser.
Le vendeur : Oui, madame/monsieur. Voici trois modèles, par ordre de prix. Celui-ci est un peu plus cher, mais il est de très grande qualité, pour un petit modèle !
Vous : Ah oui ? J'hésite un peu. Et ce modèle-là ?
Le vendeur : Il n'est pas mal, il est moins cher, mais la qualité de l'image est nettement moins bonne !
Vous : Bon, je vous remercie, je vais réfléchir.

Unité 8   Prendre rendez-vous

Exercices p. 33

1 1. F – 2. V – 3. V – 4. F

2 1. le plus – 2. la plus – 3. le moins – 4. la plus, la moins, la plus, la plus

3 1. mal – 2. dentiste – 3. arracher, couronne – 4. laver/brosser – 5. brosse à dents, dentifrice

4 1. prendre – 2. venir – 3. tôt – 4. convient – 5. dossier – 6. viens

5 1. *Exemple de dialogue.*
Vous : Bonjour, je voudrais un rendez-vous avec le docteur X, s'il vous plaît.
La secrétaire : Oui, madame/monsieur, quand voulez-vous venir ?
Vous : Jeudi, est-ce que c'est possible ?
La secrétaire : Oui, à 10 h 45, si vous voulez.
Vous : Ah non, le matin, je ne peux pas. Est-ce que c'est possible jeudi après-midi ?
La secrétaire : Il y a une place à 16 h 30, ça vous convient ?
Vous : Oui, c'est très bien.
La secrétaire : Vous avez un dossier chez nous ?
Vous : Oui, je suis un(e) patient(e) du docteur X. Je suis madame/monsieur…

2. *Exemple de dialogue.*
Vous : Bonjour, est-ce que je pourrais/peux avoir un rendez-vous avec le docteur Y, s'il vous plaît ?
La secrétaire : Oui, bien sûr. Alors… j'ai une possibilité mardi prochain, à 18 h 30. Ça vous convient ?
Vous : Non, je suis désolé(e), je ne suis pas libre le mardi.
La secrétaire : Dans ce cas, vous devez attendre jusqu'à la semaine prochaine, lundi après-midi à 15 h 15, si vous voulez.

Vous : C'est très bien, ce n'est pas urgent, de toute façon.
La secrétaire : Vous avez un dossier, chez nous ?
Vous : Non, c'est la première fois que je viens.

Exercices p. 35

1 1. V – **2.** F – **3.** V

2 1. avais – **2.** était – **3.** était – **4.** avions – **5.** aviez

3 1. modifier – **2.** repousser/remettre – **3.** décommander – **4.** un empêchement – **5.** je suis en retard.

4 1. c – **2.** d – **3.** e – **4.** a – **5.** b

5 1. *Exemple de dialogue.*
Vous : Bonjour, je voudrais repousser un rendez-vous que j'ai avec…
La secrétaire : Oui, vous êtes madame/monsieur… ?
Vous : …
La secrétaire : Vous aviez rendez-vous quand ?
Vous : Lundi à 17 heures. Je suis désolé(e), j'ai un empêchement, ce jour-là, je ne peux pas venir.
La secrétaire : Vous voulez repousser le rendez-vous à quel jour ?
Vous : Vendredi, à la même heure, c'est possible ?
La secrétaire : Vendredi à 17 heures ? Oui, c'est possible.

2. *Exemple de dialogue.*
Vous : Bonjour, je vous téléphone à propos d'un rendez-vous que j'ai avec…
L'employé : Oui, vous êtes madame/monsieur ?
Vous : … Je suis désolé(e), mais je suis obligé(e) d'annuler le rendez-vous.
L'employé : Vous voulez le repousser à un autre jour ?
Vous : Non, je préfère décommander. Je rappellerai pour prendre un autre rendez-vous.
L'employé : D'accord, comme vous voulez. C'est annulé.

3. *Exemple de dialogue.*
Vous : Bonjour, je vous téléphone pour remettre un rendez-vous que j'avais avec…
La secrétaire : Oui. Vous êtes madame/monsieur ?
Vous : (vous donnez votre nom).
La secrétaire : Oui, je vois, vous aviez rendez-vous cet après-midi à 16h30.
Vous : Je suis désolé(e), j'ai un empêchement aujourd'hui. Est-ce que je pourrais avoir un rendez-vous mardi prochain à la même heure ?
La secrétaire : Oui, mardi prochain à 16h30, c'est possible.
Vous : Je vous remercie.

Unité 9 — Demander des renseignements

Exercices p. 37

1. 1. V – 2. F – 3. V – 4. V

2. 1. dois – 2. pouvons – 3. pouvez – 4. devons – 5. peux – 6. devez

3. 1. station de métro – 2. changer – 3. arrêt de bus – 4. tickets, carnet – 5. prendre – 6. composter

4. 1. Est-ce que c'est direct, pour aller à… ? – 2. Qu'est-ce que c'est, un carnet ? – 3. À quelle station est-ce que je dois descendre ? – 4. Il n'y a pas de bus direct ? – 5. Est-ce que je peux utiliser le même ticket ?

5. *Exemple de dialogue.*
Vous : Pardon madame, est-ce qu'il y a un bus direct, pour aller au stade ?
Le passant : Non, il n'y a pas de bus direct.
Vous : Est-ce que c'est direct en tramway ?
Le passant : Oui, c'est direct en tramway.
Vous : Où est-ce que je dois descendre, pour aller au stade ?
Le passant : Vous devez descendre à l'arrêt « Stade » !

Exercices p. 39

1. 1. F – 2. V – 3. F

2. 1. Aujourd'hui, hier, demain – 2. pendant – 3. de – 4. à partir – 5. au, en

3. 1. dépliant – 2. inscrire – 3. inscriptions – 4. stages – 5. associations

4. a. 2, 3, 6 – b. 1, 4, 5, 7

5. 1. *Exemple de dialogue.*
Vous : Bonjour, monsieur, je voudrais quelques renseignements, s'il vous plaît.
L'employé : Oui, madame/monsieur.
Vous : Est-ce que vous organisez des cours de théâtre pour des adultes ?
L'employé : Oui, nous avons un cours de théâtre tous les lundis, de 19 h 30 à 21 h 30.
Vous : Est-ce que je peux m'inscrire tout de suite ?
L'employé : Bien sûr, madame/monsieur !

2. *Exemple de dialogue.*
Vous : Bonjour, je voudrais des renseignements sur les stages de ski, s'il vous plaît.
L'employé : Oui, madame/monsieur. Voici un dépliant avec la liste de tous les stages pour l'hiver.

Vous : Vous n'avez pas de site Internet ?
L'employé : Si, vous pouvez consulter notre site www.ski.com.
Vous : Est-ce que je peux m'inscrire par Internet ?
L'employé : Bien sûr, madame/monsieur.

Exercices p. 41

1 1. F – 2. F – 3. V

2 1. Le bal commence à quelle heure ? – 2. On doit passer par où ? – 3. Le musée est ouvert jusqu'à quelle heure ? – 4. Vous venez d'où ? – 5. Tu habites dans quelle région ? – 6. On doit aller à l'école à partir de quel âge ?

3 1. À quelle heure est-ce que ça finit ? Ça finit à quelle heure ? – 2. D'où est-ce qu'elle vient ? Elle vient d'où ? – 3. Par où est-ce que je dois passer ? Je dois passer par où ? – 4. Jusqu'à quelle heure est-ce que le musée est ouvert ? Le musée est ouvert jusqu'à quelle heure ? – 5. Avec qui est-ce que vous partez ? Vous partez avec qui ?

4 1. un feu d'artifice – 2. un défilé militaire – 3. un bal du 14 Juillet

5 *Exemples.*
Est-ce qu'il y a un défilé pour le carnaval ? À quelle heure est-ce qu'il commence ? Il part d'où ? Il arrive où ? D'où est-ce qu'on le voit le mieux ? Est-ce qu'il y a aussi un bal ? À quelle heure est-ce qu'il commence ? C'est où ?

Unité 10   Exprimer une obligation

Exercices p. 43

1 1. F – 2. F. – 3. F

2 1. à la – 2. à – 3. à – 4. au – 5. aux – 6. à l' – 7. à la – 8. aux

3 1. F – 2. V – 3. V – 4. V – 5. F

4 1. dois – 2. Il faut – 3. devons – 4. Il faut – 5. Il faut – 6. dois – 7. Il faut – 8. devez

5 *Réponses possibles.*
1. Je dois répondre à quelques mails, puis je dois aller travailler ! – 2. Il faut demander à l'entreprise qui fournit l'adresse électronique. On peut le faire par téléphone. – 3. Il faut avoir un bon professeur et un bon livre, puis il faut s'exercer le plus possible ! – 4. Il faut trier les déchets et il faut limiter la consommation d'énergie. – 5. Il faut une pièce d'identité et un formulaire d'inscription.

Unité 11 — Autoriser et interdire

Exercices p. 45

1 1. V – 2. F – 3. V – 4. F

2 1. C'est – 2. C'est – 3. Il est – 4. Il est – 5. C'est – 6. Il est – 7. C'est – 8. Il est

3 1. les remontées mécaniques – 2. une avalanche – 3. une piste noire – 4. le ski hors-piste – 5. la luge – 6. les sports d'hiver – 7. un forfait/une carte/un abonnement

4 1. Oui, tu peux en faire. – 2. Non, monsieur, c'est interdit. – 3. Oui, madame, vous pouvez prendre toutes les remontées mécaniques. – 4. Non, pas question, c'est trop difficile. – 5. Oui, c'est autorisé.

5 *Exemple de dialogue.*
Vous : Bonjour, monsieur. Qu'est-ce que je dois faire, pour obtenir une carte de bibliothèque ?
L'employé : Vous êtes étudiant(e) ?
Vous : Oui, je suis étudiant(e) en…
L'employé : Alors, il faut la carte d'étudiant et une photo d'identité. Ensuite, vous devez remplir ce formulaire.
Vous : Combien de livres est-ce que je peux emprunter ?
L'employé : Vous pouvez emprunter 4 ouvrages et 4 journaux ou magazines.
Vous : Est-ce que je peux aussi emprunter des dictionnaires ?
L'employé : Non, il est interdit d'emprunter les dictionnaires. Vous pouvez les consulter sur place. Par ailleurs, il est interdit de boire et de manger dans la bibliothèque !

Unité 12 — Vérifier

Exercices p. 47

1 1. V – 2. V – 3. F

2 1. un moniteur de ski – 2. un bateau à voile – 3. un cours de français – 4. une cuiller à soupe – 5. un couteau à pain – 6. une station de ski – 7. un professeur d'histoire

3 1. moniteur de natation – 2. maillot de bain – 3. bouée – 4. piscine – 5. natation – 6. planche à voile – 7. plage

4 *Exemples.*
1. Il y a bien une piscine ? – 2. Vous êtes bien le moniteur ? – 3. Tu as ton maillot ? – 4. Étienne travaille bien ici ? – 5. Tu es sûr que la piscine est ouverte ?

5 *Exemples.*
Il y a bien un club pour les petits ? Vous faites bien des cours de yoga ? Vous organisez bien des animations, le soir ? Vous avez bien un club de théâtre pour les enfants ?

6 *Phrases possibles.*
Est-ce que j'ai bien pris mon appareil photo ? Les billets sont bien dans mon sac ? Est-ce que j'ai mon passeport ? Le train est bien à 9h52 ? La valise n'est pas trop lourde ? Elle est bien fermée ?

Unité 13   Protester

Exercices p. 49

1 1. V – 2. F – 3. F

2 1. Je vais demander – 2. Ils vont prendre – 3. Tu vas aller – 4. Elle va venir – 5. Nous n'allons pas partir – 6. Vous allez faire – 7. Je ne vais pas voir – 8. Il ne va pas faire

3 1. un camping – 2. le sac de couchage – 3. étoiles – 4. la tente – 5. une caravane

4 *Exemples.*
1. Ce n'est pas normal, c'est un hôtel quatre étoiles !
– 2. Pardon ? ! Et pourquoi pas ? ! – 3. Ce n'est pas possible !
– 4. Vous plaisantez, j'ai réservé ma chambre il y a une semaine !
– 5. C'est scandaleux ! – 6. Pardon ? ! Vous plaisantez !

5 *Exemple de dialogue.*
Vous : Excusez-moi, mais votre brochure promet une « vue sur le jardin » pour toutes les chambres. Où est le jardin ? Je vois une autoroute, pas un jardin !
L'hôtelier : Oui, excusez-nous, nous sommes en travaux, et il n'y a pas de chambre sur jardin disponible…
Vous : Si je comprends bien, c'est une salle de bains… sans bains !
L'hôtelier : Il y a une douche !
Vous : Heureusement ! Mais vous m'avez dit au téléphone « bains ». D'autre part, où est la télévision ? Dans mon guide, on précise que toutes les chambres ont une télévision !
L'hôtelier : Euh… la télévision est en panne, mais je vais essayer de trouver une solution…
Vous : C'est scandaleux, tout de même !

Unité 14 **Exprimer des intentions, des projets**

Exercices p. 51

1 1. F – **2.** F – **3.** V – **4.** V

2 1. Oui, je te comprends. – **2.** Non, ils ne nous écoutent pas / ils ne m'écoutent pas. – **3.** Oui, elle me voit. – **4.** Oui, je t'accompagne.– **5.** Non, nous ne vous laissons pas de chèque. – **6.** Non, il ne me téléphone pas souvent / il ne nous téléphone pas souvent.

3 1. caution – **2.** terrain – **3.** louer – **4.** course – **5.** antivol – **6.** location

4 1. voulez/désirez – **2.** avons, intention – **3.** veux – **4.** C'est – **5.** souhaitez/voulez/désirez – **6.** souhaitez/voulez/désirez

5 *Exemple de dialogue.*
Vous : Bonjour, je voudrais louer un petit bateau, s'il vous plaît.
L'employé : Oui, madame/monsieur. Pour combien de temps ? Il existe la location à l'heure, à la demi-journée ou à la journée.
Vous : Pour deux heures, c'est bien. Je veux juste faire le tour du lac.
L'employé : Alors, vous me laissez un chèque de caution de 200 € et une pièce d'identité, s'il vous plaît. Je vous rends le chèque quand vous revenez.

6 *Phrases possibles.*
J'ai l'intention de partir en Italie pendant un mois. Je voudrais retourner à Venise, puis visiter Mantoue et Ferrare. J'ai l'intention de louer une voiture pour pouvoir circuler librement.

Exercices p. 53

1 1. F – **2.** F – **3.** V

2 1. je le parlerai – **2.** nous irons – **3.** elle pourra – **4.** je ferai – **5.** ils verront – **6.** il aura

3 1. économies – **2.** chèque – **3.** montant – **4.** épargne – **5.** le compte – **6.** bancaire

4 *Exemples.*
1. J'aimerais vivre dans un pays étranger. – **2.** J'ai l'intention de travailler pour une organisation humanitaire. – **3.** J'ai l'intention de faire une carrière politique. – **4.** J'aimerais bien trouver l'homme/la femme de ma vie ! – **5.** Je pense organiser une fête pour l'anniversaire de… – **6.** Je voudrais apprendre une autre langue étrangère. – **7.** Un jour, je ferai des économies pour faire le voyage de mes rêves.

Unité 15 — Localiser

Exercices p. 55

1 1. V – 2. F – 3. V

2 1. Non, il est après le rayon vêtements. – 2. Non, ils sont en haut du magasin. – 3. Non, elle est à droite de la place. – 4. Non, il est au dernier étage. – 5. Non, elle est derrière le magasin.

3 1. F – 2. V – 3. V – 4. F – 5. V – 6. V – 7. V

4 *Exemple de dialogue.*
1. **Vous :** Bonjour, où est-ce que je peux trouver du savon et du shampooing, s'il vous plaît ?
Le vendeur : Là-bas, madame/monsieur, à côté du rayon parfumerie.
2. **Vous :** Où se trouvent les vêtements pour enfants ?
Le vendeur : Au deuxième étage, à gauche.
3. **Vous :** Où est-ce que je peux trouver une cafetière électrique ?
La vendeuse : Au rayon électro-ménager, au quatrième étage.
4. **Vous :** Où se trouvent les verres et les assiettes ?
La vendeuse : Là-bas, au rayon vaisselle. Les verres sont juste après.
5. **Vous :** Je cherche du papier à lettres et des enveloppes.
La vendeuse : Oui, allez au rayon papeterie, c'est au fond, derrière la parfumerie.
6. **Vous :** Où est-ce que je peux trouver un sac de couchage ?
La vendeuse : Au dernier étage, au rayon camping.
7. **Vous :** Je ne vois pas les maillots de bain.
La vendeuse : Tous les maillots de bains sont au troisième étage, en face en sortant de l'escalator.
8. **Vous :** Je cherche les chaussures de sport, s'il vous plaît.
La vendeuse : Elles sont au dernier étage, après le rayon camping.

Exercices p. 57

1 1. V – 2. F – 3. F

2 1. C'est une dame qui s'appelle Marguerite. – 2. C'est une maison qui a été construite au XVIIe siècle. – 3. C'est une route qui mène à la mer. – 4. C'est un château qui reçoit beaucoup de touristes. – 5. C'est un homme qui fait beaucoup de choses. – 6. C'est une école qui va ouvrir le mois prochain.

3 1. d – 2. f – 3. g – 4. e – 5. c – 6. b – 7. a

4 Vous prenez le boulevard Saint-Germain. Vous continuez tout droit. Vous allez arriver à une place avec une église. Vous tournez à gauche et vous passez devant l'église. Ensuite, vous prenez la première à droite (rue de l'Abbaye), puis la première à gauche (rue Furstenberg). Vous arrivez au musée Delacroix (place de Furstenberg, à gauche).

Exercices p. 59

1 1. F – **2.** F – **3.** V – **4.** V

2 1. Oui, je l'ai trouvé. – **2.** Non, il ne l'a pas perdu. – **3.** Oui, je les ai pris/nous les avons pris. – **4.** Oui, elle l'a contacté. – **5.** Non, je ne l'ai pas vu. – **6.** Oui, je les ai trouvées.

3 1. perdu – **2.** déclaration – **3.** sac – **4.** vol – **5.** tomber

4 *Exemples.*
1. Je ne trouve plus mes clés ! – **2.** Qu'est-ce que j'ai fait de l'adresse du restaurant ? – **3.** Où est-ce que j'ai mis mon passeport ? – **4.** Je ne trouve pas mon téléphone mobile ! – **5.** J'ai perdu mes lunettes !

Unité 16 — S'informer par téléphone

Exercices p. 61

1 1. V – **2.** V – **3.** F

2 *Exemples.*
1. Oui, il y en a un. – **2.** Oui, il y en a beaucoup. – **3.** Oui, j'en ai une. – **4.** Non, je n'en ai pas. – **5.** Oui, elle en a deux. – **6.** Oui, j'en prends (une tasse, un peu). – **7.** Non, je n'en ai pas. – **8.** Oui, j'en mets quelques-unes.

3 a. 3, 5 – **b.** 1, 7 – **c.** 3, 4 – **d.** 2, 6

4 *Exemples.*
1. Est-ce que vous pouvez me décrire l'appartement ? – **2.** L'appartement fait quelle surface ? – **3.** Bonjour, je vous téléphone à propos de la maison/de l'appartement que vous louez. – **4.** Est-ce que je peux avoir quelques renseignements sur l'appartement ? – **5.** Bonjour, je vous téléphone à propos d'une annonce que j'ai lue dans le journal.

5 *Exemple de dialogue.*
Vous : Bonjour, monsieur, je vous téléphone à propos de l'appartement que vous louez à Plage-Les-Pins. L'appartement fait combien de mètres carrés ?
Le propriétaire : L'appartement fait 57 m^2.
Vous : Il a combien de pièces ?
Le propriétaire : Il a trois pièces, avec une salle de séjour et deux chambres. Il y a un canapé-lit dans la salle de séjour. Il y a une salle de bains avec W.-C. et une cuisine, bien sûr.
Vous : La cuisine est équipée ?
Le propriétaire : Oui, il y a une cuisinière électrique, un réfrigérateur, un évier et un lave-linge.

Unité 17   Comparer

Exercices p. 63

1   1. V – 2. V – 3. F

2   1. Narbonne est plus petit que Montpellier. / Montpellier est plus grand que Narbonne. / Il y a plus d'habitants à Montpellier qu'à Narbonne. – 2. Beaune est plus près de Dijon que Paris. / Beaune est beaucoup moins loin de Dijon que Paris. / Paris est plus loin de Dijon que Beaune. – 3. Il y a plus de musées à Marseille qu'à Lille. / Il y a moins de musées à Lille qu'à Marseille. – 4. Aix-en-Provence est aussi grand que Brest. / Brest a autant d'habitants qu'Aix-en-Provence.

3   1. pittoresque – 2. plage, coquillages – 3. monuments – 4. parc naturel – 5. touristique

Unité 18   Caractériser

Exercices p. 65

1   1. F – 2. F – 3. V

2   1. Le noir. – 2. Celles que j'ai lavées. – 3. La verte. – 4. Ceux que j'ai achetés hier. – 5. Celui qui était là. – 6. Celle qui a un motif vert et jaune.

3   1. une nappe – 2. une serviette – 3. un verre – 4. une assiette – 5. une fourchette – 6. un couteau – 7. une cuiller – 8. un plat – 9. un plateau – 10. un saladier – 11. une carafe d'eau – 12. une bouteille de vin

4   *Exemples.*
1. Regarde dans le placard, celui de gauche. – 2. Où sont les fleurs, les blanches ? – 3. Prends la nappe, celle qui a un motif rouge. – 4. Tu peux me donner les couverts, ceux qui sont dans le tiroir ? – 5. Je cherche la carafe, celle qui est en cristal. – 6. Mets ça dans l'étagère, celle du bas.

Unité 19   Exprimer une condition

Exercices p. 67

1   **1.** V – **2.** V – **3.** F

2   **1.** allons, ramasseront – **2.** prendrai, marche – **3.** fait, emmènerai – **4.** vendons, pourrons – **5.** est, partirai – **6.** a, fera

3   **1.** Il pleut. – **2.** Il fait beau. – **3.** L'eau est froide. – **4.** Il y a du vent. – **5.** Il fait gris. – **6.** Il fait froid.

4   *Exemples.*
1. S'il ne neige pas, je ferai du jogging. – **2.** Si je rentre assez tôt à la maison, je regarderai le match de rugby à la télévision. – **3.** Si j'ai le temps, je téléphonerai à mon ami. – **4.** S'il y a un bon film à voir, j'irai au cinéma. – **5.** Si mes amis viennent dîner samedi, je préparerai un bon plat. – **6.** Si je finis mon travail à temps, je pourrai enfin prendre des vacances. –…

Unité 20   Parler d'un besoin

Exercices p. 69

1   **1.** F – **2.** V – **3.** V

2   **1.** demandiez – **2.** travaille – **3.** invitions – **4.** consultiez – **5.** contactes – **6.** achetions – **7.** imprime

3   **1.** vais – **2.** imprime – **3.** portable – **4.** le télécopieur – **5.** logiciel – **6.** digital – **7.** télécharger

4   **1.** De quoi avez-vous besoin ? – **2.** Qu'est-ce qu'il te/vous faut ? – **3.** Est-ce qu'il faut que tu téléphones à X. ? – **4.** De quoi avons-nous/avez-vous besoin ?

5   *Exemple de réponse.*
Le bureau de mes rêves est une pièce assez grande, avec une belle vue. Il me faut deux tables : une grande et une petite. Sur la grande table, j'ai besoin d'un grand ordinateur, d'une imprimante et d'un scanner. À côté de la table, il me faut des étagères pour ranger mes livres de travail et mes dossiers. J'ai aussi besoin de tiroirs et de placards pour mettre des archives.

Unité 21 — Saluer et présenter

Exercices p. 71

1. 1. F – 2. V – 3. V

2. 1. vous vous connaissez, nous nous connaissons – 2. elle s'occupe de *(2 fois)* – 3. s'entendent, ils ne s'entendent pas – 4. s'appelle *(2 fois)* – 5. tu te disputes, je me dispute – 6. tu t'inscris, je m'inscris

3. 1. collègues – 2. voisine – 3. connaissance – 4. amis – 5. (grand) ami

4. 1. Oui, je le connais. / Non, je ne le connais pas (encore). – 2. Ça va, merci, et toi ? / Ça va, merci, et vous ? – 3. Non, je ne la connais pas encore. / Oui, je la connais déjà. – 4. Oui, nous nous connaissons ! / Non, nous ne nous connaissons pas. – 6. Ils s'appellent Fouad et Sarah.

Unité 22 — Excuser et s'excuser

Exercices p. 73

1. 1. V – 2. F – 3. F

2. 1. vous aviez déjà vu – 2. ils avaient vendu – 3. il était allé – 4. tu avais pris – 5. ils étaient rentrés – 6. j'étais arrivé(e) – 7. elle avait déjà lu

3. 1. part – 2. prend – 3. arrive – 4. a – 5. quitte – 6. rentre – 7. regarde

4. *Dialogues possibles.*
1. Oh, pardon monsieur, excusez-moi ! — Je vous en prie, ce n'est rien ! 2. Excusez-moi, je suis en retard, je suis vraiment désolée ! — Ce n'est pas grave, nous n'avons pas encore commencé.

Unité 23 — Téléphoner

Exercices p. 75

1. 1. V – 2. V – 3. F

2. 1. Oui, je lui téléphone. – 2. Oui, je lui dirai… – 3. Oui, je voudrais lui parler. – 4. Oui, je leur demanderai l'adresse. – 5. Oui, je lui donnerai le message. – 6. Oui, je dois leur écrire.

3 1. a – 2. b – 3. b – 4. a

4 1. peux/pourrais – 2. est – 3. laisser/prendre – 4. rappeler – 5. parler

5 *Exemple de dialogue.*
Vous : Bonjour, madame/monsieur, est-ce que je pourrais parler à X, s'il vous plaît ?
La personne : Je suis désolé(e), X n'est pas là. Est-ce que je peux prendre un message ?
Vous : Oui, est-ce que X peut me rappeler sur mon portable, au 06 07 08 09 00 ?
La personne : D'accord, je lui dirai.

Exercices p. 77

1 1. V – 2. V – 3. V

2 1. Je vous le passe. – 2. Je vous la passe. – 3. Il me l'apporte. – 4. Nous te la donnons. – 5. Tu me les rends. – 6. Je le lui donne. – 7. Il le leur demande. – 8. Elle le lui explique.

3 1. Vous patientez – 2. J'appelle mon collègue. – 3. La ligne est occupée. – 4. occupé – 5. à l'accueil / au standard.

4 d – b – e – a – c

5 1. Je voudrais parler à… / Est-ce que je pourrais parler à… ? Est-ce que je peux parler à… ? – 2. C'est de la part de qui ? – 3. Vous patientez ? / Ne quittez pas ! – 4. Vous voulez laisser un message ? / Je peux prendre un message ?

Unité 24   Donner des instructions

Exercices p. 79

1 1. V – 2. F – 3. F

2 1. Faites des abdominaux ! – 2. Allez au théâtre ! – 3. Soyez patient ! – 4. Ne prenez pas le métro ! – 5. Allongez-vous ! – 6. Ne faites pas de bruit ! – 7. Venez tôt ! – 8. Asseyez-vous !

3 1. expire – 2. lève – 3. s'allonge – 4. tend – 5. plie

4 1. Il fait des abdominaux. – 2. Elle tend les bras. – 3. Il plie la jambe. – 4. Il a des courbatures.

5 *Exemple d'explication.*
Allongez les bras devant vous. Tendez-les, inspirez. Relâchez les bras et soufflez.

Exercices p. 81

1 1. F – 2. V – 3. F

2 1. Viens avec moi ! – 2. Ne prends pas ce ballon ! – 3. Ne va pas au parc ! – 4. Occupe-toi de Léo ! – 5. Mets-toi ici ! – 6. Vas-y ! – 7. Ne te mets pas ici ! – 8. Va faire du jogging !

3 1. une balançoire – 2. un toboggan – 3. un manège – 4. un bac à sable

4 1. sable – 2. toboggan – 3. jouent – 4. lance, attrape – 5. jardins publics

5 *Exemple.*
Voilà, mets-toi ici, contre le mur. Ne regarde pas derrière toi ! Compte jusqu'à 10 ! Pendant ce temps, je vais me cacher. Quand tu as fini, essaye de me trouver !

Unité 25   Nier

Exercices p. 83

1 1. F – 2. V – 3. V

2 1. Non, je n'ai pas vu ton dictionnaire, je ne l'ai pas vu. – 2. Non, je n'ai pas pris le bus, je ne l'ai pas pris. – 3. Non, elle n'est pas encore arrivée. – 4. Non, je ne me suis pas levé tôt. – 5. Non, ils n'ont jamais visité Budapest / ils n'ont pas encore visité Budapest. – 6. Non, je n'ai pas compris ! – 7. Non, nous n'avons rien fait. – 8. Non, il ne s'est pas reposé.

3 1. cassé, recoller – 2. jeté – 3. rangé/mis – 4. cherches – 5. trouve

4 *Exemples.*
1. Mais non, ce n'est pas moi qui ai fait ça ! – 2. Non, je n'ai jamais vu ce film. – 3. Non, il n'est pas encore allé à Prague. – 4. Non, elle n'a jamais travaillé à l'étranger. – 5. Non, pas du tout ! – 6. Mais non, je n'ai rien acheté ! – 7. Non, pas du tout, ils n'ont pas perdu le match !

5 *Exemple de dialogue.*
– C'est toi qui as jeté la lettre qui était sur mon bureau ?
– Non, pas du tout !
– Bien sûr que tu l'as jetée ! Elle était là hier !
– Mais enfin, ce n'est pas vrai ! Je n'ai jamais vu cette lettre !

Unité 26 — Inviter, accepter, refuser

Exercices p. 85

1. 1. F – 2. V – 3. V

2. 1. mon, mes – 2. votre – 3. sa – 4. son – 5. tes – 6. mon, ma – 7. leur – 8. leurs, leurs – 9. nos – 10. sa

3. 1. propriétaire – 2. rencontrer – 3. loyer – 4. loue – 5. possède – 6. immeuble

4. *Exemples.*
1. Non, je suis désolé(e), je ne suis pas libre, samedi soir ! – 2. Oui, ça me ferait très plaisir ! – 3. Non, c'est dommage, mais nous sommes pris, vendredi soir ! – 4. Oui, et nous viendrons avec plaisir ! – 5. Oui, avec plaisir, c'est très gentil !

5. *Exemple de dialogue.*
Vous : J'aimerais vous inviter à un petit dîner, à la maison.
Les voisins : Oh, c'est une bonne idée. C'est gentil, merci !
Vous : Alors, est-ce que vous êtes libres samedi soir ?
Les voisins : Oh, c'est dommage, nous sommes déjà pris samedi soir, nous sommes invités !
Vous : Alors, le samedi suivant, peut-être ?
Les voisins : Oui, c'est parfait, nous sommes libres ce jour-là !

Exercices p. 87

1. 1. V – 2. F

2. 1. On vient avec vous. – 2. On est arrivés en avance. – 3. On a déjeuné ensemble. – 4. On s'est occupés de ce projet. – 5. On ne se couche pas tôt. – 6. On partira vendredi. – 7. On fait du sport. – 8. On va prendre une décision.

3. 1. cantine – 2. faire/écrire – 3. courriers – 4. réunion – 5. marche – 6. salle (de réunion)

4. *Exemples.*
1. Non, désolé(e), je ne peux pas ! – 2. Oui, je veux bien. – 3. Non, à 14 heures, je ne suis pas libre, je suis en réunion. – 4. Non, ça va être difficile, jeudi soir. – 5. Oui, ça me va !

5. *Exemples.*
1. On déjeune ensemble, mercredi ? — Oui, d'accord, avec plaisir !
2. Tu veux voir ce film, demain soir ? — Non, pas demain soir, je suis pris(e). La semaine prochaine, si tu veux.
3. On va prendre un café ? — Oui, je veux bien !

Unité 27 — Demander à quelqu'un de faire quelque chose

Exercices p. 89

1 1. V – 2. F – 3. V

2 1. Je ne sais pas si elle est libre. – 2. Dis-lui que nous serons absents. – 3. Il faut que je demande si la salle est réservée. – 4. Demandez-leur où ils habitent. – 5. Demande-lui s'il est invité.

3 1. en avance, en retard, à l'heure – 2. Aujourd'hui, hier, demain – 3. tout de suite – 4. un quart d'heure – 5. huit

4 1. ennuierait – 2. peux/pourrais – 3. ennuierait – 4. pourriez/pouvez – 5. faudrait

5 *Exemples.*
1. Est-ce que tu pourrais envoyer ce fax, s'il te plaît ? – 2. Il faudrait téléphoner à monsieur Dupont. – 3. Ça vous ennuierait de faire la réunion à 15 heures au lieu de 14h30 ? – 4. Est-ce que tu peux trouver l'adresse du client ?

Unité 28 — Proposer

Exercices p. 91

1 1. V – 2. F – 3. V

2 1. prendrais – 2. pourrait – 3. ferait – 4. serais – 5. dirais – 6. devriez

3 1. pique-niques – 2. thermos – 3. l'ombre – 4. promenades, forêt – 5. carton, papier

4 1. d' – 2. d' – 3. *(rien)* – 4. que – 5. de – 6. *(rien)*

5 *Exemples.*
Je propose que nous fassions une promenade. Qu'est-ce que vous diriez d'aller à la mer à pied, ou à vélo ? Nous pourrions emporter un pique-nique. Et si on prenait les maillots de bain ?

Unité 29 — Parler de sa santé

Exercices p. 93

1 1. F – 2. F – 3. V

2 1. Non, je n'ai rien vu. – 2. Non, il ne connaît personne. – 3. Non, je n'ai rien mangé. – 4. Non, on peut acheter de l'aspirine dans n'importe quelle pharmacie. – 5. Non, elle ne l'a trouvé nulle part. – 6. Non, on peut trouver des boulangeries n'importe où. – 7. Non, aucun n'a fait d'exercice.

3 1. la pharmacie – 2. l'aspirine – 3. un sirop contre la toux – 4. un antibiotique – 5. l'ordonnance – 6. les vitamines – 7. les gouttes – 8. la fièvre

4 1. d – 2. e – 3. a – 4. c – 5. b

5 *Exemple de dialogue.*
Vous : Bonjour, je voudrais quelque chose contre le rhume, s'il vous plaît.
Le pharmacien : Oui, madame/monsieur. Vous avez mal à la gorge ?
Vous : Non, j'ai le nez qui coule et j'ai mal à la tête.
Le pharmacien : Vous avez de la fièvre ?
Vous : Non, je ne crois pas.
Le pharmacien : Alors, je vais vous donner ceci, contre le rhume et le mal de tête. Je vous conseille aussi de prendre de la vitamine C.

Exercices p. 95

1 1. F – 2. F – 3. V

2 1. Nous sommes arrivé(e)s à l'heure. – 2. Je me suis cassé le bras. – 3. Il est parti à 18 heures. – 4. Je me suis fait mal. – 5. Elle est tombée. – 6. Nous sommes resté(e)s. – 7. Il s'est tordu la cheville.
8. Tu t'es brossé les dents.

3 1. entorse, tordu – 2. cassé, plâtre – 3. enlever, rééducation – 4. tombé, fracture

4 1. Il s'est cassé le bras, il a une fracture du bras, il a le bras dans le plâtre. – 2. Elle se cogne contre la table. – 3. Il se tord la cheville, il va avoir une entorse. – 4. Elle tombe dans la rue.

Exercices p. 97

1 1. F – 2. V – 3. V

2 1. en jouant au football. – 2. en sortant du métro. – 3. en attendant le bus. – 4. en allant chercher les enfants à l'école. – 5. en partant au bureau. – 6. en faisant les courses.

3 1. béquilles – 2. radio – 3. boite – 4. enflée – 5. appuie

4 1. suis fait – 2. fait – 3. avez – 4. va – 5. êtes fait

5 *Exemple.*
Un jour, je suis allé(e) à la mer et j'ai commencé à courir sur la plage. Je me suis cogné le pied contre un rocher et je suis tombé(e). Je me suis fait très mal à la cheville. En fait, je me suis tordu la cheville. C'était une entorse, la cheville était tout enflée et douloureuse. Heureusement, quelqu'un est venu tout de suite m'aider et a immédiatement mis de la glace sur ma cheville. Je suis allé(e) à l'hôpital et on a fait une radio pour vérifier que la cheville n'était pas cassée.

Unité 30   Parler de ses goûts

Exercices p. 99

1 1. V – 2. F – 3. V

2 1. le – 2. des – 3. de – 4. de – 5. le – 6. la – 7. de – 8. *(rien)*

3 1. Elle fait/joue du violon. – 2. Il fait du / joue au tennis. – 3. Ils assistent à un concert / ils sont au concert. – 4. Il lit un roman classique / il aime la littérature.

Unité 31   Parler de son curriculum vitae

Exercices p. 101

1 1. V – 2. V – 3. F

2 1. sais – 2. connais – 3. sait – 4. sais – 5. connaissent – 6. sais – 7. connaissez

3 1. d – 2. e – 3. a – 4. f – 5. b – 6. c

4 1. Vous savez vous occuper d'un bébé ? – 2. Vous avez l'habitude des jeunes enfants ? – 3. Vous avez déjà de l'expérience ? – 4. Vous connaissez quelques chansons pour les enfants ? – 5. Vous vous êtes déjà occupé (e) d'enfants en bas âge ?

(5) *Exemple de réponse.*
Je suis étudiant, mais j'ai déjà travaillé dans une entreprise. J'ai fait un stage de trois mois dans le département du marketing. J'ai aidé le responsable à préparer des listes de clients et des enquêtes de satisfaction. Je connais bien l'informatique, et j'ai donc aussi créé des documents sur PowerPoint, avec du son et des films.

Unité 32 — Demander et donner son opinion

Exercices p. 103

(1) 1. V – 2. V – 3. F

(2) 1. Il vient de réserver. – 2. Elle vient de partir. – 3. Je viens de recevoir une lettre. – 4. Il vient de s'occuper de cette question. – 5. Ils viennent d'arriver. – 6. Tu viens de dire le contraire ! – 7. Ils viennent d'avoir une réunion. – 8. Nous venons d'acheter une maison. – 9. Vous venez de payer. – 10. Je viens de me lever.

(3) 1. organiser – 2. moyens – 3. économiser – 4. finances – 5. conférence

(4) 1. avoir/connaître – 2. avis – 3. penses – 4. trouve/pense – 5. idée – 6. opinion

(5) *Exemple de dialogue.*
Vous : Qu'est-ce que vous pensez de faire une grande surprise à Delphine pour ses 20 ans ?
Bastien : Oui, c'est une bonne idée !
Fabrice : Oh, non, Delphine n'aime pas les surprises ! À mon avis, elle ne va pas apprécier !
Pauline : Moi, je trouve que nous pourrions lui faire une surprise pendant une fête, par exemple lui faire un cadeau qu'elle n'attend pas.
Vous : Moi, je suis pour ! Pour réussir une fête, il faut quand même une petite surprise, non, Fabrice ?
Fabrice : Peut-être… Je ne suis pas contre un cadeau, bien sûr !

Unité 33 — Exprimer la surprise

Exercices p. 105

(1) 1. F – 2. V – 3. F

(2) 1. arrivée – 2. décisions – 3. sortie – 4. départ – 5. développement

3   **1.** C'est le septième (7ᵉ) anniversaire du petit garçon. Il souffle les bougies de son gâteau d'anniversaire. – **2.** C'est l'anniversaire de la dame. Elle a reçu beaucoup de cadeaux qu'elle est en train d'ouvrir. Son mari est en train d'ouvrir une bouteille de champagne.

4   *Exemples.*
1. Ça alors ! – **2.** Incroyable ! – **3.** Je suis stupéfait(e) ! – **4.** Ce n'est pas possible ! – **5.** Ça m'étonne ! – **6.** Ce n'est pas vrai !

Unité 34   Exprimer la certitude ou l'incertitude

Exercices p. 107

1   **1.** F – **2.** F – **3.** V

2   **1.** ce qu'il – **2.** ce qui – **3.** ce qui – **4.** ce que – **5.** ce qu'elle – **6.** ce qui – **7.** ce qu'il – **8.** ce qui

3   **1.** c – **2.** d – **3.** a – **4.** e – **5.** b

4   *Exemples.*
1. Oui, je suis certain(e) qu'il va réussir. – **2.** Bien sûr, elle va faire des études. – **3.** Oui, c'est sûr. – **4.** Oui, je suis sûr(e) qu'elle va venir. – **5.** Oui, c'est confirmé, c'est le 5 septembre.

Exercices p. 109

1   **1.** V – **2.** V – **3.** F

2   **1.** fait – **2.** manque – **3.** faut – **4.** reste – **5.** suffit – **6.** arrive

3   **1.** c – **2.** e – **3.** f – **4.** a – **5.** d – **6.** b

4   *Exemples.*
1. Ce n'est pas sûr. – **2.** Oui, je crois qu'elle est d'accord avec nous/moi. – **3.** C'est probable. – **4.** Je ne sais pas trop. – **5.** Peut-être… – **6.** Je ne suis pas certain(e).

5   *Exemple de dialogue.*
Le policier : Vous pouvez me donner votre emploi du temps d'hier ?
Vous : Euh, oui. Je suis parti(e) de chez moi vers 8 heures.
Le policier : À quelle heure exactement ?
Vous : Franchement, je ne sais pas ! Entre 7h45 et 8h10, c'est difficile à dire.
Le policier : À quelle heure est-ce que vous êtes rentré(e) ?
Vous : Je suis rentré(e) vers 17 heures. Ah non, un peu plus tard, parce que je me suis arrêté(e) au supermarché pour faire quelques courses.
Le policier : Vous avez vu quelqu'un en rentrant ?
Vous : Non, je ne pense pas. Je n'ai pas fait attention…

Unité 35   Décrire

Exercices p. 111

1   1. F – **2.** V – **3.** F

2   1. sommes sortis, pleuvait – **2.** est arrivée, avait – **3.** attendait, a vu – **4.** regardaient, sont revenus – **5.** suis entré(e), buvait – **6.** ai passé, connaissais

3   1. Il est de taille moyenne, il est mince, il porte une barbe et une moustache, il a un grand nez. – **2.** Elle est petite, mince, elle a les yeux et les cheveux noirs, elle porte des lunettes = c'est une petite brune aux yeux noirs, mince, et qui porte des lunettes. – **3.** Il est grand, corpulent, il a les cheveux blonds et les yeux bleus = c'est un grand blond aux yeux bleus, assez corpulent.

4   *Exemple de réponse.*
Mon meilleur ami est un grand blond aux yeux bleus. Il porte une moustache et des lunettes. Il est assez mince, plutôt sportif et s'habille avec simplicité.

5   *Exemple de réponse.*
J'ai tout vu ! Quand le monsieur est entré dans le bus, un garçon est arrivé et a attrapé le portefeuille du monsieur. Tout est allé très vite. Le garçon était assez grand, mince, bien habillé. Il avait les cheveux châtains, un peu longs. Il portait un anorak bleu foncé et un jean, je crois.

Unité 36   Faire des compliments

Exercices p. 113

1   1. V – **2.** F – **3.** V

2   1. élégamment – **2.** récemment – **3.** bien – **4.** clairement – **5.** prudemment – **6.** doucement – **7.** bon – **8.** poliment

3   1. un collier – **2.** des boucles d'oreille – **3.** une bague – **4.** une écharpe – **5.** un sac à main – **6.** des gants et un chapeau – **7.** une ceinture – **8.** un bracelet

4   *Exemples de compliments.*
Que tu es jolie, avec cet ensemble ! Ça te va bien ! – Quelle élégance ! – Il est beau, cet appartement ! Tu l'as bien arrangé ! Tu l'as joliment arrangé ! – Votre jardin est magnifique ! Qu'il est beau ! – Hum, ça sent bon ! Ça a l'air délicieux !

Unité 37   Féliciter

Exercices p. 115

1   1. V – 2. F

2   1. toutes – 2. tous – 3. toute – 4. toute – 5. tout – 6. tout – 7. tous – 8. tout – 9. toutes – 10. tout

3   1. est né – 2. a passé – 3. a rencontré – 4. se sont mariés – 5. ont eu – 6. ont divorcé – 7. est devenu, a eu – 8. est mort

4   *Exemples.*
1. Toutes mes félicitations ! Je suis fier (fière) de toi ! – 2. Toutes mes félicitations ! Je vous félicite ! – 3. Bravo, je suis content(e) pour toi ! – 4. Bravo ! Félicitations ! – 5. Nous sommes contents pour vous ! Toutes nos félicitations !

5   *Exemple de réponse.*
Vous : Mes amis, j'ai une grande nouvelle à vous annoncer : j'ai enfin trouvé un travail !
Un(e) ami(e) : Bravo, je suis vraiment content(e) pour toi. Explique-moi tout !
Vous : Eh bien, je vais travailler comme assistant(e) du directeur artistique. C'est exactement ce que je voulais faire.
Un(e) ami(e) : Toutes mes félicitations ! Tu dois être vraiment heureux(-euse) !

Unité 38   Consoler et encourager

Exercices p. 117

1   1. V – 2. F – 3. V

2   1. sera organisée par Gilles. – 2. est battu par Luc au tennis. – 3. a été prise par Nicolas. – 4. a été fait par Grégoire. – 5. est attendu par Louise. – 6. est regardé par des milliers de spectateurs. – 7. est annoncée par la presse. – 8. a été construit par l'architecte.

3   1. s'entraîner – 2. participer – 3. forme – 4. perdu – 5. club

4   1. c – 2. a – 3. d – 4. e – 5. b

5   *Exemple de dialogue.*
Votre ami(e) : J'ai raté mon permis [de conduire] ! J'en suis malade !
Vous : Mais ce n'est pas grave, tu l'auras la prochaine fois !
Votre ami(e) : Mais non, je n'y arriverai jamais ! Je suis nul(le) !
Vous : Pourquoi tu* dis ça ? Au contraire, prends plus de cours, continue ! Tu es capable d'avoir le permis, non ? Beaucoup de gens le ratent la première fois !

Unité 39   Critiquer

Exercices p. 119

1   1. V – 2. F

2   *Exemples.*
1. parce qu'elle est malade. – 2. Comme il y a une grève de transport,… – 3. parce qu'il y a des travaux sur la voie. – 4. à cause de la pluie. – 5. parce qu'il a eu son permis de conduire.

3   1. l'arbitre – 2. marquer – 3. gardien – 4. carton rouge – 5. lance, rattrape – 6. terrain

4   2, 3, 5, 6, 7

5   *Exemple de réponse.*
Je suis allé(e) voir une comédie musicale l'autre jour, et c'était nul ! D'abord, la mise en scène était très banale, avec des décors en plastique affreux. Les chanteurs n'étaient pas bons, je crois qu'ils s'ennuyaient… Le public n'était pas content et a même sifflé ! Le spectacle était vraiment raté !

Unité 40   Exprimer l'admiration

Exercices p. 121

1   1. F – 2. V

2   *Exemples.*
1. malgré le mauvais temps. – 2. pourtant, il habite en Allemagne / bien qu'il habite en Allemagne. – 3. pourtant, je lui ai écrit trois fois. – 4. alors que c'est une bonne équipe / pourtant, c'est une bonne équipe. – 5. bien que ce soient de grands acteurs / alors qu'il y a de grands acteurs dans ce film / et pourtant, ce sont de grands acteurs. – 6. alors que c'est une petite troupe inconnue / et pourtant, c'est une petite troupe inconnue.

3   1. troupe – 2. places, représentation – 3. spectateurs, applaudissent – 4. acteur – 5. rang – 6. aller

4   2, 3, 5

5   *Exemple de réponse.*
Nous avons vu une représentation de La Mouette de Tchekhov qui était magnifique. La mise en scène était particulièrement réussie, très sobre, mais expressive. Tous les acteurs jouaient bien, surtout l'actrice qui tenait le rôle principal. Les costumes étaient splendides. Le public était ravi et a beaucoup applaudi.

Activités communicatives

Exercices page 122

1 1. V – 2. F – 3. V – 4. F – 5. V

2 *Réponses possibles.*
1. Oui, je suis du quartier. – 2. Oui, il y a un bon petit restaurant pas loin d'ici. – 3. Oui, c'est par là, tout droit. – 4. Non, c'est à cinq minutes à pied ! – 5. Je vous en prie !

3 1. trouver – 2. cherchons – 3. prenez – 4. fais – 5. près.

4 *Réponse possible.*
Voici les directions pour venir à mon nouvel appartement. Quand tu sors de chez toi, tu prends l'avenue sur ta gauche. Tu continues tout droit, puis tu prends la cinquième rue à droite. Tu arrives ensuite à une petite place. J'habite sur cette place, au numéro 7.

Exercices page 123

1 1. Ils sont mari et femme, ou petits amis. En tout cas, ils vivent ensemble et se connaissent bien. Le ton est familier et affectueux. – 2. Elle a cherché la clé dans son sac. – 3. Elle est allée chercher les enfants à l'école, puis elle est rentrée à la maison. Elle a garé la voiture dans le garage de la maison. – 4. La clé se trouvait sur la table de l'entrée, sous des papiers. – 5. Oui, apparemment, elle perd souvent des objets !

2 1. à – 2. dans – 3. sur – 4. sous – 5. à

3 1. avis – 2. raison – 3. crois – 4. bien

4 *Réponse possible.*
1. Elles sont dans mon sac à main. – 2. Je les mets dans mon sac. – 3. J'ai un mouchoir dans ma poche. – 4. Non, je ne perds pas souvent d'objets. – 5. Non, je n'ai jamais perdu de clés, heureusement !

Exercices page 124

1 1. F – 2. V – 3. V – 4. V

2 *Réponses possibles.*
1. Non, malheureusement, je ne suis pas libre samedi prochain. – 2. Oui, bien sûr, avec plaisir ! – 3. Je peux mettre 50 euros. – 4. Eh bien, je viens juste de déménager ! – 5. Non, pas du tout, je suis libre samedi.

3 1. V – 2. V – 3. F – 4. F

Exercices page 125

1 1. V – **2.** F – **3.** V – **4.** F – **5.** V

2 **Le vendeur/la vendeuse :** 1, 2, 4, 5 – **Le client/la cliente :** 3, 6, 7

3 *Réponses possibles.*
1. Oui, je cherche un manteau marron, s'il vous plaît. – **2.** Non, ça va comme ça. – **3.** Oui, je pense. Vous faites quelle taille ? – **4.** Non, il ne me va pas du tout ! – **5.** Je fais du 44. – **6.** Il est à 67 euros. – **7.** Non, il n'est pas en solde.

4 1. Est-ce que je peux essayer cette veste, s'il vous plaît ? – **2.** Je fais du 40. – **3.** La veste est trop petite. / La forme ne me va pas. – **4.** Merci, je vais réfléchir.

Exercices p. 126

1 1. V – **2.** F – **3.** F – **4.** F

2 1. changer – **2.** remettre/reporter – **3.** empêchement – **4.** partir – **5.** convient/va

3 *Réponses possibles.*
1. Je voudrais prendre rendez-vous avec le docteur X, s'il vous plaît. – **2.** Est-ce que je peux changer l'heure de mon rendez-vous ? J'aimerais venir mercredi au lieu de mardi. – **3.** Est-ce que je peux reporter mon rendez-vous de jeudi à lundi prochain ? – **4.** Je suis désolé(e), je dois annuler mon rendez-vous, j'ai un empêchement.

Exercices page 127

1 1. F – **2.** F – **3.** V – **4.** V – **5.** V

2 *Réponses possibles.*
1. En coupant des pommes. – **2.** En prenant l'ascenseur – **3.** En me promenant dans le quartier – **4.** En attendant le bus, dans le froid. – **5.** En arrivant à Florence.

3 1. je me suis – **2.** arrivé – **3.** courses – **4.** pris – **5.** remercie

4 *Réponses possibles.*
J'ai vu cette vieille dame sortir de la boulangerie. Elle a glissé sur le trottoir et elle est tombée. Nous avons essayé de l'aider, mais elle s'était cassé le poignet. Nous avons appelé les pompiers et ils l'ont emmenée à l'hôpital. Elle va avoir un plâtre pendant plusieurs semaines.

Exercices page 128

1 1. F – **2.** V – **3.** F – **4.** V

2 1. timbre – **2.** paquet – **3.** carnet – **4.** emballages

3 1. pouvons – **2.** c'est – **3.** faut – **4.** tout

④ *Réponses possibles.*
1. Vous pouvez acheter des enveloppes à la poste, dans une papeterie ou dans un supermarché. – **2.** Oui, il me faut cinq timbres pour le Japon, s'il vous plaît. – **3.** Ce sont dix timbres. – **4.** Non merci, ce sera tout !

Exercices page 129

① **1.** F – **2.** F – **3.** F – **4.** V – **5.** V

② **1.** fait, carrés – **2.** cuisine – **3.** loyer – **4.** salle – **5.** balcon

③ *Réponses possibles.*
1. Oui, bien sûr. Mon adresse est 91, boulevard de la République. Mon numéro de mobile est le 06… – **2.** La maison fait 115 mètres carrés – **3.** Oui, demain matin, je suis libre. – **4.** Vous pouvez venir demain après-midi, à partir de 14 heures.

Exercices page 130

① **1.** F – **2.** V – **3.** V – **4.** F – **5.** V

② **1.** coordonnées – **2.** dossier – **3.** logiciel – **4.** réunion

③ *Dialogue possible.*
Sophie : Non, je ne suis pas de mauvaise humeur ! Mais tout le monde me demande quelque chose et je n'ai pas le temps de finir mon travail !
Mélanie : Est-ce que je peux t'aider ? Si tu veux, je peux faire les photocopies.
Sophie : Si tu veux, c'est gentil de ta part, merci !

④ **1.** Est-ce que tu as le numéro de portable de X ? – **2.** Tu peux me montrer comment ça marche ? – **3.** Est-ce que ça t'ennuierait de faire ces photocopies pour moi ? – **4.** Est-ce que tu peux m'aider à faire ce tableau ? – **5.** Tu peux m'attendre un instant ? – **6.** Tu as les coordonnées de X ?

Exercices oraux

Exercices page 131

① *Réponses possibles.*
1. Ah non, désolé(e), je ne suis pas d'ici. – **2.** Oui, bonjour, je cherche un livre sur l'histoire de la Bourgogne. – **3.** Oui, s'il vous plaît ≠ Non, c'est pour moi. – **4.** C'est au nom de… *(votre nom).* – **5.** Oui, je voudrais une escalope de veau à la provençale et un petit verre de rosé, s'il vous plaît. – **6.** Nous avons vanille, café, praliné, chocolat, fraise, citron et framboise. – **7.** Je fais du 38. –

8. Un demi et une carafe d'eau, s'il vous plaît. – **9.** Ce n'est pas grave ! – **10.** Oui, c'est bien moi. – **11.** Non, c'est la première fois que je viens. – **12.** Oui, bien sûr. Mon numéro de téléphone est le… et mon adresse est… - **13.** Elles sont à 3 euros le kilo. – **14.** Félicitations ! Tous mes vœux de bonheur ! – **15.** Oui, je m'intéresse beaucoup à la politique ! – **16.** Oh, je suis fatigué(e) en ce moment… – **17.** Eh bien, j'ai glissé dans la rue, et je me suis fait une entorse. – **18.** Ah non, c'est dommage, demain soir, je suis déjà pris(e). – **19.** Je l'ai trouvé nul ! – **20.** Oui, si tu veux, tu peux apporter une bouteille de vin. – **21.** De la part de… *(votre nom)*. – **22.** Il n'y a pas de mal, mademoiselle ! – **23.** Vous avez une poste de l'autre côté de la place, à droite.

2 *Réponses possibles.*

1. Ce sera tout, merci. – **2.** Alors, je vais prendre une tarte aux fraises, s'il vous plaît. – **3.** 20 euros, environ. – **4.** Pour samedi, pour 6 personnes. – **5.** Saignant, s'il vous plaît. – **6.** Non merci, je la rappellerai plus tard. – **7.** Alors, après-demain ? – **8.** Non, j'ai déjà regardé dans mon sac ! – **9.** Alors, jeudi, à 16h45. – **10.** Tant pis, je vais prendre des brioches. – **11.** Nous avons des glaces, des tartes, de la crème brûlée et des profiteroles. – **12.** Tant pis, merci. – **13.** Comme tu veux, on ira un autre jour. – **14.** Je vais voir une pièce de Yasmina Reza. – **15.** Non, je n'ai pas de fièvre. – **16.** Oh excusez-moi ! Je me suis trompé(e).

NOTES

NOTES

Dépôt légal : février 2013 - N° de projet : 10216156
Achevé d'imprimer en France en mai 2015 par Clerc